L'ÉTENDARD
HYMNE À LA JOIE
OU LE CHANT DE DIONYSOS

La voie du IIIe millénaire

M. A. MEHRBAN

L'étendard
Hymne à la joie
ou le chant de Dionysos

Poésie mystique

La voie du IIIe millénaire

Editions Persée

M. A. MEHRBAN

Pour tout contact :
Editions Persée — 67 cours Mirabeau — 13100 Aix-en-Provence
www.editions-persee.fr

M

L L

La Ligue Mondiale pour la Libération de l'Homme

Introduction

« L'ÉTENDARD », cette œuvre révélée de M. A. MEHRBAN, est prédestiné à un grand élan d'Action pour le futur de notre Humanité.

Ce texte que nous allons découvrir, n'a pas son pareil. Il ne donne pas lieu à rappeler tel autre écrit, ni par la forme, ni surtout par le contenu saisissant de vérité.

Plus qu'un cri du cœur, c'est un appel de l'âme, lancinant mais définitif, que nous livre l'auteur, le visionnaire d'un monde exempt de peur, bouillonnant d'amour, baigné de lumière !

Ce poème au sens originel de « création » (du grec poiêsis), nous transporte au fond de nous-même, au seuil de l'Action, du Deviens ! du Sois ! et du Fais ! jusqu'à nous ouvrir les portes d'un domaine universel, où la conscience humaine serait devenue à tel point évoluée pour exorciser l'ensemble de ses vieux démons : Plus d'âme enchaînée, plus d'asservissement de l'homme par lui-même ou par le semblable ! Il faut « enfin » se libérer des attaches primitives, mythiques et surannées, entretenues d'une part par le confort de l'habitude dû à l'ignorance et la misère, et d'autre part par les esprits malveillants aux regards obliques, qui ont intérêt à garder l'humanité dans la somnolence des jours qui passent ou dans la terreur des jours à venir.

Tirant le bilan fataliste des siècles et des millénaires de notre existence dite intelligente, l'auteur extrait la conclusion prophétique d'une nécessaire entrée dans le territoire sacré de la Lumière, afin d'accéder à la consomption et l'illumination ultime, donnant lieu à la renaissance Dionysiaque ! (Dionysios signifiant : Le deux fois né !)

C'est dans le mystère de la seconde vie que se cache, selon M.A.M., le bonheur suprême et l'apogée définitive de l'homme et de l'humain ; résultat de la rencontre intime avec le Divin.

Cependant le chemin initiatique s'avère long et juché de voiles trompeurs en guise d'embûches et d'avertissements... Donc, gare aux intrus ! En vérité, combien de voiles devront être arrachés avant d'arriver au but ?!

M. A. MEHRBAN nous livre ses visions comme autant de clés pour nous permettre d'ouvrir la voie. À chacun d'en constituer son trousseau et de se frayer un chemin et passer « à l'autre rive ».

Les fruits de cette récolte doivent être renvoyés aux suivants afin de servir de guide.

« L'Hymne à la joie » procède souvent d'une ironie frôlant même le défit envers le sacré. Mais ne nous y trompons pas, ces instants d'instauration du dialogue à très haut niveau nous portent en phase avec la toute puissance divine.

L'humour salvateur veut rompre avec les dualismes néfastes du passé, invite l'individu doté de courage vrai et rajeuni dans l'amour sincère, à s'engager « enfin » sur le sentier aboutissant à la source de la volonté absolue, afin qu'il devienne sa propre Providence : L'homme, parvenu à ce stade de maturation prendra en mains, consciemment et en toute quiétude, sa destinée de l'être unique apparu pour voltiger la durée d'une seule fois et sans retour au sein du moment précaire de la création et de l'éternité.

Ainsi, et à défaut de se réveiller à temps, l'existence de l'être humain ne vaudrait pas plus qu'une vie végétative. C'est donc aux « éclairés » qu'il revient de ne plus accepter de subir les assauts de l'animalité sous-jacente chez un grand nombre d'individus incultes ou ignorant délibérément les lois et les dimensions du progrès humain. Nos « initiés » ont le devoir de se lever pour intervenir physiquement au sein de la Mère Nature, avec la conscience aiguë de faire partie d'un rassemblement planétaire pour un millénium qui semble bien s'annoncer !

M. A. MEHRBAN est persuadé que notre bonheur humain et la sauvegarde de la vie en dépendent.

Jean-Charles DORGE
Sociétaire des Poètes Français
Fondateur de la Ronde Poétique

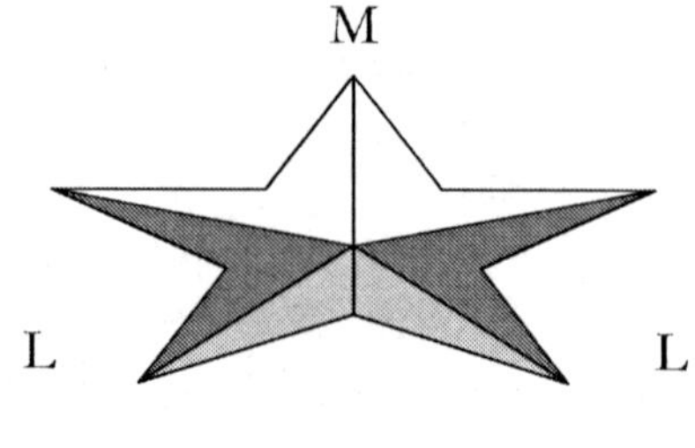

Avant-Propos

Je suis l'éclair et le tonnerre qui surprend les yeux et les oreilles avertis, en brandissant ce poème en guise d'étendard et en lançant un cri de réveil juste au moment fatidique de l'histoire, annonçant que je passe pour balayer et laver toutes les tables d'erreurs commises, provoquées, perpétrées à l'encontre du genre humain, de son historique, de sa vie et de son avenir, sur cette terre d'argile destinée à redevenir – et cette fois avec l'aide de l'homme lui-même – le paradis perdu et retrouvé !

Je vais frayer un sentier, une allée, un chemin, en vue de tracer finalement une Voie Royale à l'intention de ceux de l'avenir et de toujours qui vont l'emprunter, afin qu'ils arrivent à voir et comprendre qu'au cours de leur existence unique sur cette terre, ils doivent tenir la tête haute et marcher droit, avec la fierté et la certitude d'être affranchis et libérés de la peur, de l'angoisse et du joug de l'au-delà !

Cette voie royale que j'esquisse mènera les hommes au ciel doré du bonheur et de la plénitude de l'âme, et à la reconnaissance du Paradis terrestre, de sa fleur et de son fruit suprême qu'est leur corps, « ce corps qui doit [1] apprendre à faire corps avec l'univers, afin qu'il puisse battre à l'unisson avec le cœur du monde ».

Les hommes doivent cultiver, entretenir et vénérer ce Paradis avec tout le respect et la retenue qui conviennent, et lui apporter toute leur dévotion : Cette dévotion grandira au fur et à mesure que le discernement et la sagesse de l'humain évolueront et que sa maturité produira suc et saveur.

Cette dévotion – et vénération – portée à la terre, mère nourricière, et étendue aux autres éléments dont elle provient essentiellement et qui sont

1 – *Une des grandes épreuves que la limitation de notre condition doit surmonter.*

considérés comme les éléments principaux, tels que le Feu, l'Air et l'Eau, ainsi qu'à toutes leurs manifestations surtout étendues aux trois règnes – minéral, végétal et animal –, constituera « le culte, le rituel ultime et les règles de conduite quotidienne de l'humanité ! ».

Qu'importe l'étiquette que l'on donnera à cette « religion » de l'homme moderne qui se rend compte qu'il arrive au seuil du trône de l'énergie et de la Lumière ! Pourvu qu'il sache que ce serait une atteinte à sa dignité d'homme conscient et sage d'être appelé « écolo » et que sa doctrine de croyance et de conviction soit dénommée « écologie » !

Toutes les sciences accumulées et réunies n'auraient pas suffi à définir ce rituel ni à le transcrire aussi amplement qu'il le faudrait. Contentons-nous de cette simple prière :

« Ô divine Science, éternelle conscience et Suprême Puissance, fais-moi renaître une deuxième fois, par la mort anticipée dont tu es la seule détentrice du secret ! Que je puisse enfin revoir et réentendre les vérités et la réalité de ce monde caché, au tréfonds de ma conscience, elle-même le reflet et le miroir de ton éternelle Image ! Redevenu le fils authentique du Père, ayant vécu la renaissance, je serai le gardien et le bienheureux héritier de son ultime bien : La Vie ! »

Fier de la servir et de l'adorer, j'aurai la mission de propager la joie dans le monde et d'annoncer la liberté de l'homme…

Partant de cela, le champ doit rester libre à l'étude de la vie et des milieux qui l'engendrent…

La clarification et la classification de ces milieux en vue de la compréhension de leur concordance et l'unicité vitale, nous dévoileront le sens et le mystère de la vie sur terre et le con-sacrement de ces éléments, l'ultime inspiration et le propos du culte de l'humanité d'avant-garde devenue apte à regarder et à voir avec l'œil de l'intelligence !

De fait, l'homme redevenant ainsi le centre et le pivot primordial de la connaissance, il doit être reconsidéré dans ses aptitudes et ses capacités d'action évolutive.

C'est ainsi qu'enfin la conscience du « Soi » lui revient, une conscience universelle et cosmique dans le sens logique de l'évolution (Comprendre pour agir et conserver). La raison ultime de l'être et de la création se fera jour et en comprenant le secret et la raison ultime du créateur et de la création, l'homme apprendra que tout est en lui et qu'il peut être aussi le « tout en tout »... Si la volonté, « la Bonne volonté » lui revient !

Toute présomption ou divagation doit être bannie et abandonnée et la poursuite de la « Bonne pensée » devra devenir le murmure de la prière de tous !!!

Cette reconnaissance permettra de bien situer sa vraie patrie nommée la terre nourricière tout entière et son ciel cosmique qu'est son âme, son corps astral et son cœur sacré, tous reliés au grand tout !

Ainsi l'homme sera accompli dans « le temps » et par « le contretemps » – la réflexion du cœur et l'intuition.

Il apprendra enfin qu'il est sorti de la dispersion et de l'attraction des molécules semblables et dissemblables qui s'attirent, passant par une élaboration et une composition alchimique divines.

Par cette vision scientifique il participera à la révélation et à la découverte de l'œuvre du bien, à la démonstration et à la contemplation extatique et dionysiaque du Beau et de l'Amour !

En fait, c'est l'Amour qui nous entoure et qui s'impose à nos sens, nous emmenant à la destination finale au très haut de l'esprit universel, à la source de l'énergie, en vue d'un baptême du feu originel et à la con-fusion avec le Cosmos qui nous con-sacrera : Fils de Dieu !

L'homme aura provoqué sa renaissance et sa résurrection par l'Amour, méritant avec le désir de Dieu, l'épreuve de la noce mystique, mère de toute unicité !!

Bien sûr, il y a des mystères à pénétrer et des voiles à déchirer, par milliers, par centaines de milliers, mais il faut apprendre à piétiner, afin d'avancer et de devancer les lieux communs, mythes, images souvent avalées, croyances, délires et idées reçues ou mal digérées.

En notre temps, ces facilités-là sont réfutées par le bon sens élémentaire, l'évidence, la raison et l'intelligence même ! En un mot, ce qu'il faudrait dans cette quête et cette recherche du « bien aimé » qui, avec « la main tendue », tisse la toile de notre destin, c'est : L'AUDACE DE SE SURPASSER ET LA VIOLENCE DE SE DÉPASSER !

Semons le grain afin que pousse la nouvelle génération d'Homme joyeux, heureux et généreux, libre du passé, chantant et aimant, travailleur admiratif et respectueux de toutes les beautés que notre âme cherche et accepte. Les hommes de cette génération auront pour devise : « AFFRANCHI ET RÉVEILLÉ, JE ME LÈVE ENFIN !! »

Brisant toute attache, toute dépendance, cette humanité passera à travers ce pont que je lui érige sans retour possible, sur cette rive où l'on devient « Autre ».

L'homme doit constituer comme son premier devoir : <u>Sa propre éducation et l'élévation de son âme.</u>

Il doit fortifier son corps et adopter un travail sain, rajeunissant la terre et son environnement. Il doit faire fructifier la terre généreuse sans la meurtrir et en utiliser les éléments uniquement dans ce but. La conservation de la planète est notre religion et notre prière quotidienne, ce don du ciel constituant un des rares Trophées Cosmiques !!

Toute vie doit être consacrée à son entretien d'ensemble en tant que le patrimoine sacré de l'humanité tout entière pour des siècles et des siècles !

Je suis donc à la recherche de cette poignée d'hommes, parvenus au faîte de la conscience universelle, c'est-à-dire à la conscience du « soi », capables d'élever et de tenir les torches, illuminant l'espace et le temps aux autres afin de les ramener vers cette fontaine de jouvence qu'est la source des sciences, du savoir et de la puissance vraie.

Que tous ensemble et à l'unisson nous chantions « l'hymne à la joie » et brandissions « l'Étendard de la liberté de l'homme »!

Chantons:

L'avènement de l'homme nouveau, droit, véridique, sincère et innocent…

L'homme du bien, réprouvant le mensonge, l'hypocrisie et combattant le mal!

Chantons:

L'homme arrivé à la maturité, réprouvant la condition humaine actuelle et réfutant la situation planétaire qui nous afflige et que nous subissons tous!

Ma volonté consiste à établir et instituer un gouvernement d'hommes de science et de magistrats universels – sages et savants, arrivés tous au mépris et à l'abandon du « moi », ayant acquis la certitude de défendre la vérité, exerçant et déployant le sens de ces trois commandements:

– La Bonne Pensée!
– La Bonne Parole!
– La Bonne Action!
Zarathoustra

Les trois préceptes constituent la quintessence et le summum de ce que l'homme peut atteindre en réflexion, raisonnement et jugement philosophique.

Qu'il soit dit que – finalement – l'inspiration peut surgir et le verbe sort enfin! Le verbe sort, afin de nous amener à entreprendre « l'Action Bonne », synonyme de « la bonne volonté », qui fera de nous les reflets authentiques de Dieu, car selon nous:

Au commencement était L'Action!

Le but de cette escalade, qui constitue le devoir et la prière de l'homme digne de ce nom, est d'atteindre la cime de la « Bonne Action ». Redescendre par l'autre versant, vers la vallée des hommes, fera de nous des hommes de devoir, des êtres de l'Amour !

L'homme parvenu à son propre sauvetage, doit entreprendre de sauver les autres avec un sentiment de solidarité aiguë et un besoin incontournable de servir. C'est en effet l'unique ligne de conduite durant le millénaire qui commence !

Nous abordons la période de l'histoire au cours de laquelle le règne du « Bien » doit être instauré partout et pour tous, tant il est vrai que le bien doit opérer dans le monde et que l'homme, en tant que le fruit béni et sacré de l'arbre de la vie, doit apprendre à se tourner vers la lumière !

M. A. MEHRBAN

Qu'est-ce que la vie ?
... Le combat de la vérité !

ZARATHOUSTRA

Viens, qu'on aille fendre le toit
Au firmament,
Pour y mettre un ordre nouveau... !

HAFEZ

Ce n'est pas l'homme
Qui doit être dépassé,
C'est l'humanité !

Le surhumain, voilà le but... !

NIETZCHE

Après le temps de : La Bonne Pensée,
puis celui de : La Bonne Parole,
doit advenir l'ère de : La Bonne Action,
pour que l'homme, en devenant son propre maître, vive enfin sa vraie résurrection et sa providentielle vie planétaire en toute liberté !

M. A. MEHRBAN

M

L L

avec
L'Hymne à la Joie
chantons donc l'avènement
de l'homme affranchi
et de l'humanité libérée

et rassemblons-nous sur
« L'autre Rive »
qu'est notre vraie patrie
afin d'ériger l'étendard de :
<u>LA LIGUE MONDIALE POUR LA
LIBÉRATION DE L'HOMME</u>

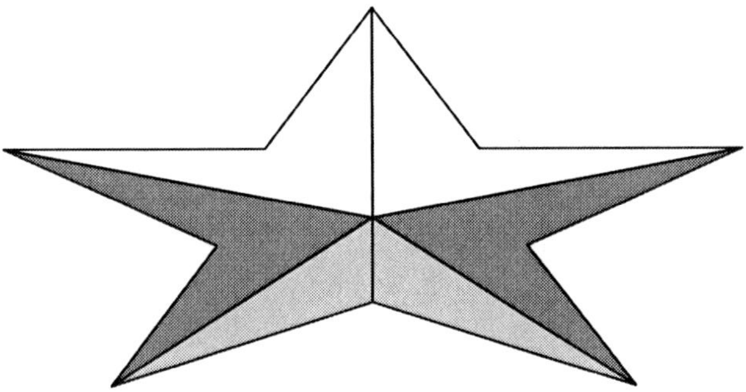

L'HOMME
« La Lumière »
L'esprit, la vie, la nature
« Jaune – violet – vert »

L'ÉTENDARD

1 – Eternel, Eternel,
je te salue,
je t'entrevois enfin,
tu fus ma patrie lors que je cherchais
des horizons sans fin,
dans les mensonges.

2 – Eternel, Eternel,
tu es ma patrie,
ma bien-aimée,
je fais ma demeure en toi,
pour jouir de la délivrance,
qui s'annonce enfin.

3 – Grandiose,
chatoyant,
pur et lumineux,
je me noie en toi
pour faire ici-bas
le miracle de la résurrection enfin.

4 – Tout prend fin,
tout recommence,
tout s'imprègne de ta lumière,
tout est ardent,
ma blessure est entière,
elle me réchauffe enfin.

5 – Viens, viens,
unissons-nous,
pour nous perdre,
dans un « oui » sans fin.

6 – Périr en toi,
c'est vivre,
vivre en toi,
c'est la jeunesse,
c'est la joie sans fin.

7 – Je respire pour la première fois,
ce me semble,
mes yeux s'ouvrent enfin.

8 – Je vais parler,
attends…
ta voix sort de ma bouche enfin.

9 – Je fais corps avec l'univers,
je me regarde,
je nous retrouve enfin.

10 – Ma langue garde ta saveur,
ce goût de miel,
ivre et rempli de toi enfin.

11 – Eternel, Eternel,
viens,
Le temps passe,
nous allons atteindre
les contrées sans fin,
la paix du monde,
celle de mon âme,
l'humanité tout entière
est consommée enfin.

12 – Allons boire,
allons boire,
à ce nectar,
qui nous propose
toutes les joies sans fin.

13 – Eternel, Eternel,
viens enfin !
embrassons-nous,
et dans une étreinte du feu…
faisons jaillir la flamme
qui éclairera ce monde enfin.

14 – Et notre fils,
qui règnera sur le trésor de nos joies,
brandira enfin…

15 – L'ÉTENDARD DE LA LIBERTÉ DE L'HOMME,
l'excellence de la vie
et l'innocence de ses joies enfin.

16 – Et ceux de l'avenir et de toujours
sauront
que : Le Père,
la Mère et le Fils,
se sont unis, enfin…

17 – pour faire l'Homme,
et sur cette terre
incarner l'image de tes lois enfin.

18 – Eternel, Eternel,
il est l'heure maintenant
que nous fassions pour l'homme
les derniers sacrements enfin.

19 – Le purifier,
le porter nu,
à la flamme de boucher !
Pour qu'il s'envole enfin !

20 – L'aube se lève,
le soleil se montre,
la lumière se lance,
l'univers se chauffe enfin.

21 – Les vacarmes disparaissent,
l'heure du silence sonne!
Le Verbe sort enfin.

22 – Le fils de l'homme
vient de naître!
il se répand à mille flots enfin.

23 – Eternel, Eternel,
il est long
le chemin de ta gloire,
étroit et bref enfin.

24 – Seuls les aveugles qui se confient
y passent bien,
et touchent la fin, enfin.

25 – Dans les ténèbres,
en ta recherche,
la vie est dure,
c'est bien la mort enfin.

26 – C'est une nuit sans l'aube,
qui se prolonge
une vie durant,
pour que tu viennes enfin.

27 – Apporter l'eau,
ta lumière,
pour le mourant
qui renaîtra enfin.

28 – Eternel, Eternel,
tout en toi,
toi en tout,
tout ta loi,
ta loi en tout,
tu es partout enfin.

29 – Nous tous, tes fils,
et tes reflets,
nous sommes les pères,
les fils enfin.

30 – Nous t'aimons tous
et tu nous aimes,
nous sommes l'amour
tu es l'amour enfin.

31 – L'amour ton nom,
l'amour ta robe,
l'amour ta face,
l'amour place
tous les cieux
sous tes pieds enfin.

32 – L'amour ce feu,
l'amour ardent,
l'amour pleurs,
l'amour joie,
l'amour qui pousse tous les cieux
l'amour toi,
toi l'amour,
toujours vivant,
toujours mourant,
tu es en nous enfin.

33 – Tout en toi,
prend la fin,
tout recommence en toi,
la fin de tout est par toi,
la fin commence par toi,
tu es les fins enfin.

34 – Tout se remet,
tout se relève,
tout se reprend,
tout se rassied
en toi et par toi,
et pour toi enfin.

35 – Eternel, éternel,
tu me bouscules,
tu me repousses,
tu me caresses,
tu me reprends enfin.

36 – Tu me chagrines
tu me brises,
tu me remues,
tu me méprises,
et tu me donnes de ta joie enfin.

37 – Tu me taries,
tu me fanes,
tu me dessèches,
tu me brûles
et tu m'arroses,
tu me fais vivre et tu me tues enfin.

38 – Et pour t'atteindre,
il faut s'atteindre,
et pour s'atteindre,
il faut t'atteindre,
et pour vivre et pour croire,
pour se voir et te voir,
il faut s'éteindre enfin !

39 – Pour savoir et vouloir,
pour oser et pour se taire,
il faut monter,
il faut descendre,
il faut attendre enfin !

40 – Tu me relèves de mes péchés,
pour me hisser à ta grâce,
tu me retrempes dans le péché
pour me sauver enfin.

41 – Tu me fais perdre ma joie,
tu me redonnes de tes joies,
tu enlèves tout de ma loi,
pour m'initier à tes lois,
pour voler et pour m'abattre,
pour me briser et pour me battre,
tu me fais perdre tous mes élans
pour que les ailes me poussent enfin.

42 – Tu me dérobes mon pain,
pour me donner ton pain,
pour me dégoûter de mes vins,
pour me saouler avec tes vins,
et me laisser ivre enfin.

43 – Tu me fais taire dans mes mots,
tu me fais dire de tes mots,
et tu me fermes les yeux
pour me faire entendre ta voix,
tu me fais sourd enfin.

44 – Où tous pleurent et tous crient,
le froid et la misère
séparent le pauvre,
allons chauffer de nos bois,
le cœur du monde enfin.

45 – Eternel, Eternel,
étrange beauté,
suprême bonté,
toute pureté,
nous sommes unis !
de ta douceur,
tu me brises et tu me coules,
tu me fais faire à ton image enfin.

46 – Tu me fais tordre
de tes attaches !
tu fais le pire,
tu me relâches !
tu me fais mordre le foie,
et pour retentir ma voix,
dans la géhenne et par delà,
dans les cieux enfin.

47 – Tu fais couler de ta flamme
des rivières et des torrents,
dans mes veines
et dans mon âme,
et tu m'enfermes dans les ténèbres
pour faire briller en moi
toutes tes flammes enfin.

48 – Eternel, Eternel,
de ça et là j'ai mis mes larmes,
je me donnais à tout venant !
Là où j'allais,
et revenais,
tu me tirais,
tu me portais,
Tu me guidais,
tu les voulais enfin

49 – Eternel, Eternel,
pour ma soif,
et pour ma faim,
tu me coupais l'eau et le pain,
tu m'invitais à tes festins,
faisant l'hôte à tes joies,
tu me servais enfin.

50 – Je te volais,
je te giflais,
tu acceptais tous mes coups !
Et je marchais droit, hautain !
Toi, l'humble… tu attendais,
on se sifflait,
tu pardonnais,
pour faire voir enfin !!!

51 – Toi le juste,
le lumineux,
toi le maître,
toi le serf,
petit, grand, volumineux,

…/…

toi le mince et ruineux,
le guérisseur et le malade,
dispensateur de tous les maux,
tu me donnais tous tes biens,
pour faire croire enfin.

52 – Eternel, Eternel,
tu me fais taire, tu me fais dire :
toutes les folies !
toutes les bassesses,
toutes les sagesses,
tu m'y invites,
tout ce que je fais – grand, petit –
te fait sourire…
Nous sommes grands enfin.

53 – Mon innocence et mon enfance,
tous mes biens sont les tiens,
et pour ravir mon innocence
et mon enfance,
pour me fouler dans l'immanence,
tu fais remettre mon innocence enfin.

54 – La transcendance et on s'y lance…
Et ma couronne,
et mon enfance,
tout en silence,
tout est silence…
Quand tu m'invites à faire la danse !
tout en mesurant mes cadences,
et tes palais et tes fleurs,
et l'élixir de la jouvence,
et tes sirènes devenues anges
pour moduler toutes mes nuances,
les rendre intenses…
pour recouvrir mon éminence,
pour retrouver mon excellence,
dans tes jardins,
immenses, immenses,
on sacre les noces enfin !

55 – Tu me cherches et tu m'accroches,
tu me pêches et tu me sèches,
tu fais le nid et tu me chauffes,
tu me caresses et tu me casses
et à manger, on se mange !
et de tes jours tu raies dimanche
pour qu'on s'envole enfin !

56 – Eternel, Eternel,
comme tu te nommes
comme je te nomme
tu es moi, toi, soi,
tu es le père, la mère, le chef
le mendiant
et qu'on s'avance enfin.

57 – Et pour renoncer à « moi »
tu t'en prends à « toi »
et pour dépasser le « soi »,
l'on se dépasse enfin.

58 – Nul ne résiste à toi,
tout est recherché en toi,
tout est caché dans l'en soi,
pour faire pâtir les noix,
agitées aux abois,
et faire agir ta loi,
tu te découvres enfin.

59 – Nous créons et nous vivons,
nous entassons et nous passons,
et pour passer,
nous repassons
pour entasser les vérités,
nous en passons,
nous nous mourrons à chaque démarche enfin.

60 – De tes beautés,
de tes soupirs,
et de tes chants,
de ta fleur,
couleur des champs,
de ta brise,
de ta rosée,
de tes baisers,
et de tes rouges…
de tes oranges,
de tes clairs grisonnants,
de tes grains,
de tes flancs,
et de tes seins tout rayonnants,
et de tes monts,
couleur de perles,
qui font les dents…
Tes auréoles,
ton triangle,
et de tes mains,
toutes luisantes,
et l'haleine guérissant,
ta chevelure faisant le vent,
tes yeux versent des torrents,
où l'on se baigne
et se noie,
on est des purs enfin.

61 – Eternel, Eternel,
levons le voile,
pour te voir,
pour te chérir,
et pour t'aimer,
et te suffire…
mais… ? Terrifiant…
C'est mon image enfin ? !

62 – Allons, allons devant,
à ton accueil
vers les levants,
abandonnés :
mourants, couchants
la nuit et l'aube,
voilà le jour !
Tes lumières en me touchant,
et on se lève enfin !

63 – Et pour ma fête,
ou à ta fête !
à notre fête !!
Avant le règne,
à l'interrègne,
on se saigne !!
pour faire boire enfin.

64 – De ton éclat,
de ta chaleur,
de tes joies,
de tes faveurs,
de ta pâleur,
et pour offrande à ton bonheur,
une pluie d'or,
oui, de l'or…
on est de l'or enfin.

65 – Allons boire,
toujours boire,
allons aimer,
et tout aimer !
et de ta bouche,
faisons couler ?
pour les amants,
couleur de rose,
qui nous repose,
de tout venant enfin.

66 – Oh c'est joli,
c'est ton bouquet ?
viens, approche,
oh quel coquet !
c'est ta moisson,
et tes sueurs,
et tes parfums et tes couleurs,
et tes joies et tes chagrins,
et tout vient de ton jardin ?
Il faut le dire enfin.

67 – Viens, amie et pour s'aimer,
faisons rien,
tu ne me dis rien,
je ne dis rien,
on s'aime bien…
et pour s'amuser un brin,
on ne dit rien, toujours rien,
tu me comprends,
je te comprends,
oui voilà !! tu me souris…
on se regarde enfin.

68 – Oh petite fille,
oh mon enfant,
faisons l'enfant !
pas comme tu penses,
pas comme je pense !
comme on le fait dans son enfance,
je te pardonne toutes mes fleurs
semées au vent,
tu me permets un tout petit,
petit baiser…,
oh mon enfant,
tu fais l'enfant !!
nous sommes grands enfin.

69 – On nous défend?!
qui nous défend?
je me défends
tu te défends
et puis voilà, on le défend
et ces quelques-uns qui se défendent,
nous le défendent,
et pour finir,
peux-tu défendre…
à mes yeux?
et à mes mains?
et à ma bouche?
ils sont vivants enfin.

70 – Oh comme c'est beau,
que d'être libres
de s'aimer et de se dire,
après s'aimer,
qu'on aime la vie enfin.

71 – Avant toi, j'avais aimé,
j'ai tout aimé…
et pour me fermer les yeux,
et pour m'ouvrir les cieux,
on me disait à haute voix,
il faut fuir enfin…

72 – J'étais docile et nonchalant,
que veux-tu donc,
j'étais amant!
à toute parole j'ai répliqué
à mon trône j'ai abdiqué,
et pour écrire mon testament,
et pour mourir dans la crasse,
et pour fuir mon angoisse,
pour oublier le tout au tout,
et renoncer de tout au tout,
et pour me vendre à mes faims,
comme esclave enfin.

73 – J'étais heureux, j'étais triste,
et j'attendais la fin des pistes…
dans mon désert aucun vivant!
aucune voix, aucun mourant,
ni un chameau, ni un cheval,
pour être ni ange ni animal,
je devenais un cannibale,
pour me nourrir enfin.

74 – Le temps était toujours gris,
dans mes oreilles tous les cris,
et dans ma bouche aucune voix,
et dans le cœur aucune joie,
me promenant dans les bois,
et mes aimés en émoi,
je me disais,
moi, moi,
et mes étés
froids, froids!
oui, amie…
ayant semé tous mes grains,
pour que tu pousses un brin,
je t'attendais enfin.

75 – Et un beau jour…
je fus reçu!
oh combien j'étais déçu,
et pour m'aligner à la nappe,
je m'approchais souvent du cap,
on me donna le nom du Pape,
et du ciel en sept étapes,
j'étais le père enfin.

76 – Et sur la terre,
au nom du père,
qui me montra tous les repaires,
j'ai dû forger,
et mon armure,
et mon épée…
avec mes larmes!
j'étais aux armes enfin.

77 – Au nom du père,
j'étais le fils,
au nom du fils,
j'étais le père,
et pour exercer mon office,
j'ai dû croire enfin.

78 – Viens amie !
Voilà le père,
il nous unira dans la chair
il nous défend rien du tout,
il nous donnera de tout au tout,
il nous attend un fils,
c'est son office,
il est le père enfin.

79 – Il est aimable,
il est affable,
il est grand,
il est petit,
il est savant à l'infini,
c'est lui-même l'infini,
aujourd'hui il nous unit…
le lendemain il désunit !
pour réunir enfin.

80 – Viens amie pour reconnaître,
quand il mourra pour renaître,
pour sa joie et nos joies,
donnons-lui l'enfant à naître !!

Oh tu pleures ?
«… oui, on est maître !!! »
mais s'il demande enfin ?!

81 – Laisse-moi aller
oui je te quitte
pour y aller,
où l'on m'appelle
où les voix restent sans appel!
non par pitié,
par amitié,
non pour mourir,
ou faire mourir,
je vais venir,
on est des hommes enfin.

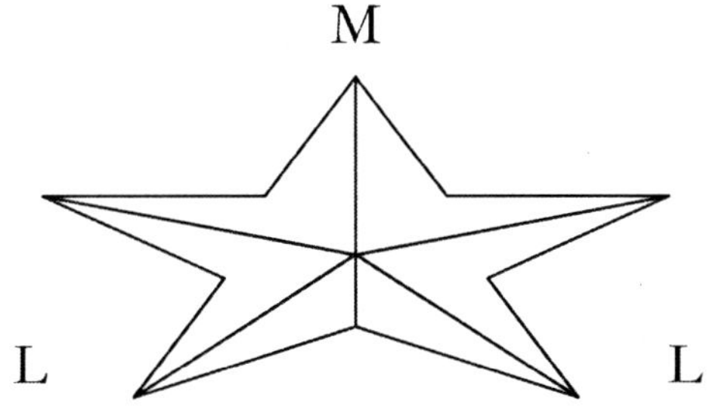

82 – Dans ce monde fait pour la joie,
chacun s'accroche à sa joie,
pour montrer de sa joie :
On laisse fuir la joie,
et pour la faire régner,
et pour se dire « sois la joie ! »
il faudrait rire enfin.

83 – Et pour cela,
allons amie,
allons boire, et aux amis,
faisons voir,
qu'après boire…
il faut boire,
c'est devoir !
Et pour se lancer dans la danse,
et se défaire de l'apparence,
et pour n'être que transparence,
se dévêtir enfin.

84 – Oui je vais,
je vais partir,
vers mon destin,
vers le destin,
lui, le père, c'est le destin,
et en ce monde, l'on ne s'égare…
que pour tromper son destin !
allons bâtir et débâtir,
pour rebâtir,
nos citadelles,
on est fidèle enfin.

85 – Oh Éternel, oh Éternel,
je n'ai jamais ni prié,
ni pleuré,
et je pleure et t'implore,
dans la joie…
mais revenons à nos joies…
et pour jouir toujours mieux,
et nous offrir…
– en nous passant de l'espérance ? –
De l'innocence enfin !

86 – Eternel, Eternel,
horreur des hommes et leurs folies,
l'amour des hommes et ses folies,
nous font voir,
et tout voir…
quand ces horreurs seront finies !
dans ta grandeur infinie,
une image nette et définie,
celle de l'Amour enfin.

87 – « Et de l'amour si infini,
faisons le portrait par amour… !? »
l'amour le chant de l'oiseau,
l'amour, les goûts et les couleurs,
l'amour enfant,
l'amour chantant,
l'amour pleure quand il faut rire !
l'amour se tait quand il faut dire,
l'amour qui change,
l'amour qui mange,
l'amour dévore tous les finis
pour se nommer l'infini,
l'amour vient,
l'amour repart,
l'amour brûle,
l'amour brille,
l'amour se pend au cou des filles,
tu sais bien
l'amour est tout,
tout en étant rien du tout,
l'amour le mâle,
l'amour femelle,
l'amour nous lance des étincelles,
il est plus, il est moins,
et dans l'ensemble, il n'est rien,
en bas l'amour,
en haut l'amour,
et au milieu, le monde demeure…

« Et la raison ? »

pas ta raison !
La raison qui touche le bas…
n'est pas raison !

../…

Et la raison,
plus l'amour,
se nomme l'Amour !
c'est cet amour de l'infini,
ayant eu honte de toute couleur,
il est l'enfant de sa douleur,
il est sans forme,
incorporel,
parfum, le sang, l'âme, de l'univers,
temporel, intemporel,
c'est l'Eternel enfin.

88 – Eternel, Eternel,
dans les prés mes hommes sont là ;
de ta flamme ils nous attendent,
des ailes, des bouches,
Ils sont prêts, là vers la ruche…
Ils veulent venir à ton secours,
ils veulent lois,
Ils veulent joie,
Il faut aller à leur secours,
toi qui vit de tes dépenses,
faisant ainsi, tu te compenses,
et elle est là ta puissance,
donne leur un peu de ta flamme
pour qu'ils se chauffent enfin.

89 – Eternel, Eternel,
tu nous donnes la pensée du jour,
pour que nous l'écrivions au mur…
dis-le ! !

« Oui, voilà,
c'est moi L'AMOUR,
je le répète tous les jours… »

Oui, oui,
je suis L'AMOUR ;
tu es L'AMOUR ;
nous sommes L'AMOUR…

Mais alors ? !

JE SUIS ETERNEL ENFIN !!!

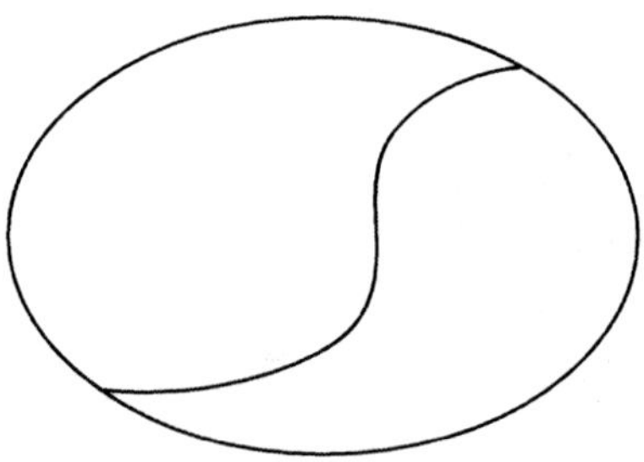

LOTUS

90 – L'ELU,
LE FILS,
LE MESSAGER,
LE SAINT,
L'HUMBLE
ET L'OUTRAGÉ,
PRINCE, PAYS, SUJET,
MORT, VIVANT,
PEUPLE, TYRAN,
SAGE, SAVANT,
LIBRE DU PASSÉ
VÊTU DE POURPRE ET CUIRASSÉ,
PUR, PROPRE, PLEIN DE TÂCHES,
HÉROS, BRISANT TOUTE ATTACHE,
TERRE, CIEL,
AIGRE, MIEL,
L'AIGLE, LION,
L'OR, L'ÉTAIN
ROSE, SAPIN,
LE VIN, LE PAIN,
LYS, IRIS,
APIS, ISIS,
LES MILLE PÉTALES DU LOTUS,
NOUS EN SOMMES TOUS ENFIN.

91 – Oui, il faut que l'eau coule de la source,
que le bois donne ses ressources
et dans verger
chaque fruit
donne une gorgée
pour que l'eau coule enfin.

92 – Faisons la vigne,
faisons raisin,
faisons soleil,
faisons terrain,
et la nuit sous le pied !
Levons la tête vers le matin,
renfermons-nous avec le vin,
ET LA SPHÈRE QUI SE REFERME
S'AMPLIFIERA ENFIN.

DIONYSOS IVRE

93 – Viens goûter à mon ivresse,
à mes joies, à mes sagesses ;
viens porter de mes douleurs,
quelques parfums, quelques couleurs…
Viens t'offrir un peu de tout,
viens soulager ta souffrance,
viens chercher ta délivrance,
pour vivre un peu,
pour rire un peu,
viens chercher de ma jouvence…
Viens boire avec moi
et t'asseoir avec moi,
viens chanter avec ma lyre,
viens danser sur mes saphirs,
viens ivresse !
Viens ivresse,
viens entendre les clairons !
Ecoute le chant des forgerons…
Regarde le lac de mes vins,
lance ta barque sur le vin !

…/…

Allons voguer de par le monde,
dansons toujours, faisons des rondes,
viens dissoudre dans ma bouche
comme ce soleil qui là se couche…
Viens voir dans mes nuits
mon soleil de minuit !
Viens te cacher du soleil
pour faire briller *ton* soleil :
Viens crier la joie !
Viens et laisse les abois !
viens te fondre dans mes bras,
viens retomber ici-bas,
viens te donner à moi,
viens renoncer à toi,
viens souffrir de mes joies,
viens subir ma loi,
viens recouvrir ta voix,
viens pour vivre avec moi…

DIONYSOS DANSE

94 – Dans mes chants, je ne suis rien !
Que je danse
et je suis bien…
Regarde mon cœur qui verse du sang,
regarde mon œil, et ses torrents
qui vont balayer toutes les mers…

Regarde ces armes à mes côtés,
et ces armées toutes clouées à mon épée !

Regarde mes pas qui se mesurent
aux sept mesures du temps immense,
regarde l'espace où j'évolue,
qui s'affranchit de toute distance.

Regarde ces monts que j'escalade
pour m'envoler,
regarde ces aires que j'embrasse
pour consoler.

Regarde, je vogue sur mes cieux,
regarde, je danse à mes festins,
j'ai égorgé tous les dieux
pour vous remplir les coupes de vin.

L'HOMME ET L'OMBRE

95 – Viens ami, tous mes amis,
allons crier aux cieux !
Allons sortir tous les dieux.
Je vais vous dire où on les met,
Là, sur cette terre… Mais !
Mais quoi, ami…
Tu as cru donc aux cieux ?
À ces délires, à ces lieux ?
Non, mon ami, tout est dieu,
et comme tu es tout, mon ami,
tu es Dieu.
Seulement voilà :
Il faut salir, il faut pâtir
pour arriver à ces dieux,
il faut souffrir, il faut mourir,
il faut changer,
il faut manger, toutes ces idoles,
il faut ranger, ses étoiles,
pour arranger, là, sur ce sol,
le bestial…
Comme toutes les guerres, contre animal,
il faut user, il faut ruser,
de son poing, et du foin,
pour égorger avec soin,
là sur les sables,
cet animal…

96 – Tous les cieux sont en toi,
tous les lieux sont en toi,
Dieu le Père est en toi,
l'enfant ignore l'adolescence,
et la jeunesse ? La vieillesse.
Et le vieux ? La puissance !
Son idéal ?
La renaissance.

Mais oui, enfin !!!

Mais pour voir sa renaissance,
il faut mourir dans sa jeunesse,
et dans l'enfance…
Il faut vivre par anticipation !
Mourir par anticipation !
Il faut piétiner le temps
et s'affranchir de toute distance,
se faire pousser des ailes immenses !
Oui, OUI,
le temps, LE TEMPS,
c'est notre ennemi de tous les temps !
Oh, que l'homme…
Oh, que de bêtises…
L'humanité a survécu à la sottise,
seuls ces quelques-uns,
qui ont vécu intense, intense,
Ont pu récoudre
d'un bout à l'autre
cette envolée du temps immense…

97 – Que les clairons sonnent !
JE VEUX MA ROME !
ÉTERNELLE ROME,
je veux l'enfance
et les joies de la jouvence
et de tout passé son INNOCENCE,
oui je veux cela…
JE VEUX MA ROME !

98 – Allons ami,
en souvenir de nos amis,
chantons, dansons, buvons amis,
car il fait jour,
passe la nuit !
Par la grâce, la disgrâce,
elle se retire
de nos nuits !
Et pour nous tous
le jour commence à minuit !

L'APOCALYPSE

Mais, écoute…
Il va nous arriver midi !
Oui, le grand midi,
midi du temps…
Après-midi, c'est l'infini,
la fin du temps…

« Il nous arrive à contre temps ! »

Qu'elle était douce, la belle nuit…
Et le sommeil…

…/…

« Et les songes ? »

Oh oui, les songes… !
On en parlera, et on oublie…

« Eh, parlons du midi ! »

Un peu, oui…

Il est là… Ecoute !

Le soleil s'attardera quelques instants au Zénith,
comme pour nous annoncer la fin du temps,
et puis l'humanité, tu sais l'humanité !
entrera dans l'infini…

« Pauvre humanité ».

Les cailloux restent, et l'eau… ?
Se raréfie.

« Non, pardon, se purifie ! »

C'est pareil !
Tu sais, il vaut mieux se laver la face à la surface
que de se baigner dans le fleuve.

« Oh, cela oui ».
Et puis l'eau pure peut, à elle seule, nous désaltérer
et nous rendre gais.

« OUI, époque de la joie ! »

Et puis le fleuve, il va être inondé par le déluge.
Nous, les réfugiés des grandes hauteurs,
nous buvons à la source…

…/…

« Oh, bénie soit la source ».

Ne remercie jamais rien, c'est contre l'amitié,
ne dis rien.
OUI, amitié, amitié,
enfin nous avons fui la pitié…
OUI, la pitié, c'est cette eau qui fait vivre le poisson
et le rapproche de ses voisins.
OUI, la pitié est ce climat de la marée, c'est le silence
et cette obscurité tranquille des profondeurs.
Nous avons trouvé la transparence
et le mouvement !

« c'est plus haut… »,

c'est plus pur, c'est lumineux…
La fin de tout, c'est la Lumière !
« OUI, la fin, la dernière »

Ah, j'ai pu voir toutes les couleurs,
elles se paraient de mes douleurs,
elles se sont bien mises ;
Ecoute… dans une assise !
Elles ont décidé de m'offrir un bouquet de fleurs,

« des fleurs de toutes les couleurs ».

que j'ai jetées dans le torrent,

« torrent de larmes ».

Et par suite… la rivière
est devenue toute lumière,

« leur fin ».

Oui…

99 – Allons ami, l'époque des religions a été la période du blasphème de l'humanité, mais période nécessaire pour recouvrer la santé, tu sais la grande santé, la santé du rire, cette santé qui vient de la joie, car l'humanité cherchait la joie.

« Tel un homme ? »

Oui… Tel un homme. Seulement avec ces mouvements perpétuels, il lui fallait davantage de temps, tandis que pour un homme, une vie suffit pour se dépasser !

« C'est-à-dire dépasser l'humanité ? »

Oui…
Parce que l'humanité est dans l'homme.

« Dans l'homme ? »

Oui…
Mais on veut l'appeler le surhomme pour se soustraire… Oui, les petits, les paresseux.

« Qui est l'homme ? Le suis-je ? »

…/…

NON !
Tu es le masculin de l'homme, tu es le mâle,
l'homme est cet homme qui a accompli le
féminin, l'éternel féminin !

« Qui est l'éternel féminin ? »

Cette courtisane qui est la mère du monde…

« Qu'est-ce que cela veut dire, accomplir une femme ? »

Cela veut dire lui donner son enfance, sa jeunesse
et sa vieillesse, ou si tu préfères, lui donner son innocence,
pour rien, et prendre son amour par trahison.

« C'est cela toute l'histoire de la jalousie et de la vengeance ! »

Oui…
Ce sont bien les deux grandes bassesses de
l'homme.
Celui qui les sentira jusqu'au bout mais qui
évitera de les toucher aura toute chance de sortir
vainqueur contre le féminin.

« C'est quoi cela : La lâcheté ou la sainteté ? »

Cela dépend où l'on se propose d'aller, si c'est
pour devenir un saint, c'est la lâcheté ; si c'est
pour avancer jusqu'à l'héroïsme et la vérité, c'est
une vraie période de sainteté.

« Alors, les saints tels qu'on les connaît ? »
N'en parlons pas, c'est la pitié.
« Alors l'homme, le masculin suit instinctivement le cours
des choses ? »

Oui…
Si par instinct tu veux dire tranquillement, en compagnie
du temps et d'une façon saisonnière. Il supporte seulement
avec le sourire le poids du bonheur, d'autres plaisirs l'écraseront.
Oui, ami, les élus se ressemblent biologiquement !

« Cette science n'a pas encore fait beaucoup de progrès ! »[1]

C'est évident, tant qu'on la sépare de l'âme…

« De l'âme… ? En voilà, un sujet de conversation ! »

Ne dis rien, il y a là toute la haute académie.

« Ah oui, je sais, tu n'aimes pas les philosophes. »

Ce n'est pas leur faute, ils avouent eux-mêmes
qu'ils se nomment ainsi parce qu'ils sont modestes…

Je n'aime pas la modestie, c'est pire que son contraire ;
d'ailleurs comme pour tous les contraires le côté négatif est le pire.

« Eh, j'ai remarqué : Tu ne chantes plus, tu parles ! »

Ah oui, la poésie est le bégaiement de la prophétie…

« Et la prophétie ? »

C'est cette parole qui reste et se répète ; elle parcourt l'infini,
éternellement. Elle est increée, cette parole.

Arrivé là, Dionysos se mit à murmurer un chant de sa jeunesse…

1 – Ce poème a été écrit en 1956-7.

Un chant de jeunesse

100 – « Le Royaume du monde m'appartient,
j'en suis le pauvre roi…
J'en suis le prince,
ce prince dont la seule richesse
est la terre aride
et son soleil.
Ce soleil qui brûle et qui brille,
j'en suis le net reflet.
J'en suis le fils… »

101 – L'HOMME, tu peux te lever maintenant, tu as payé le tribut de ta bêtise.
Le courant de l'humanité se dirigeait vers cet océan de l'infini, cet océan de la parole et du verbe ; la maladie de l'humanité devait se guérir par l'apprentissage de la parole, l'homme est condamné pour son salut à apprendre la parole et atteindre le verbe.
Tout le malheur vient du langage, la santé vient de la parole.
La structure de la parole est le mystère de notre Psyché.
Nous devons apprendre à parler enfin !

102 – L'HOMME, tu es la pierre dure, le marteau et l'artiste.
Tu dois te façonner par tes propres griffes. Tu es ton propre maître : Marche dignement, sache piétiner et anticipe-toi toi-même, sache que, de toutes les entreprises humaines, la plus difficile est la connaissance du soi, elle est la plus digne, du fait qu'elle permet de retrouver « L'HOMME » en toi.

Marcher dans cette voie est la meilleure vie. La connaissance résout tous nos problèmes, elle nous fait renaître une dernière fois, elle nous fait comprendre et aimer la vie, et nous n'avons que cela à adorer.

AU COMMENCEMENT

103 –Au commencement, l'homme se pensa sept jours,
s'aima sept jours, s'est voulu sept jours et devint la volonté…
pour faire naître :

La Bonne Pensée, la Bonne Parole, la Bonne Action…

L'homme est cette image de la bonne volonté de Dieu ; il est cette volonté qui se recherche pour la devenir…

Les trois actions se règlent d'après le cercle éternel des dieux. Le monde est la science et la volonté de puissance…

L'homme est cette volonté qui cherche la science ; l'homme, image de la science de l'être, veut recréer le monde, pour le connaître, pour se connaître…

Au commencement était la science. Dieu créa le monde pour se connaître lui-même.

La science est l'agrégat des trois actions qui, animées par la volonté d'agir conjointement, ont produit le bien – ou le beau. Le bien opère dans le monde…

Cette opération démontre qu'avant l'action, il n'y avait pas la connaissance. Le monde est volonté de puissance. La puissance n'est que la science. La vie du monde n'est qu'un effort de connaissance.

Le monde tend vers la perfection, vers le Beau ou le Bien. Dieu se contemple lui-même pour se retrouver. Dieu se recherche et se retrouve éternellement, et c'est en cela que consiste son existence.

Dieu court après lui-même. Il ranime éternellement sa partie morte par celle qui est vivante. Ainsi la vie et la mort sont les conditions de son Éternité.

Il est toute vie car la mort n'est qu'une apparence. La vie ne peut pas s'échapper de lui…

DIEU EST CETTE LUMIERE TOUJOURS VIVANTE.

Tout se constitue par les degrés différents de cette lumière. Rien ne peut résister à la lumière, tout vient de la lumière, tout va à la lumière. Au-delà de la lumière, il n'y a rien. Vouloir comprendre sa provenance, c'est vouloir aller au-delà de l'existence, or cela n'est pas de notre condition étant donné que nous faisons partie de l'existence. Dieu lui-même ignore son origine car il est toute origine ; Il sait seulement par son action qu'il existe.

La science se forme par cette ignorance de Dieu, car si Dieu savait sa provenance, il n'y aurait pas eu de science – sinon un enchevêtrement infini d'erreurs.

Jusqu'à l'existence de Dieu, tout est erreur. À partir de son existence, tout est vérité. L'existence de Dieu est garante de l'exactitude de la science…

Arrivé là, Dionysos se rend compte que, depuis un moment, il parlait avec lui-même, il était seul, son ombre l'avait abandonnée. Il esquissa un sourire et dit :

« Oui, Dieu existe… Dieu est l'existence »

LE RÈGNE ETERNEL DU MOMENT

Pur et lumineux, Dionysos s'est mis en marche… Je me tiens droit! se disait-il, maintenant je porte le Dieu en mon cœur, sans que mes genoux tremblent, ou que ma taille se courbe, oui, il faudrait une force infinie pour porter Dieu en soi-même. Le passé et l'avenir se sont confondus en moi, TOUT AU BOUT DU MONDE, JE MARCHE, affranchi de toute espace, le temps découle de moi.

Je vais mettre ma signature dans le livre de l'humanité, *ou de l'histoire*, et puis je partirai – qui sait? – peut-être pour revenir? Je ne le sais pas… Non, je ne le crois pas!

Le passé est l'élaboration, l'avenir est la science, les lois de l'hérédité nous expliqueront qu'il y a en nous les empreintes de toutes les étapes de l'évolution.

Oui, la musique de mes ancêtres se fait entendre encore par mes nerfs, et ce souvenir des cieux n'est que la gratitude de la matière envers la lumière.

Le moment, cher instant de délice, je le vis maintenant, et par-delà le bien et le mal je coule mon éternité. Oui, tout mon bien est ce moment! Il n'y a plus d'autre moment pour moi, il ne me reste que ce moment, je vis:

LE RÈGNE ETERNEL DU MOMENT…

Ce moment, dont le temps en est des fractions. Oui, la vie du monde n'est qu'un moment, et c'est bien ce moment!

ARIANE

Ô toute beauté, génie et mère de ma race, tu me tends la main ; avec toi, je veux crier l'art au-dessus de tout !

L'art est ce qui doit être, et nous vivons dans cette région, nous les habitants de l'autre rive.

Oui, les laids ont tout intérêt d'oublier cela.

Oui…

Nous tous, nous tendons vers toi, le monde s'accomplirait en atteignant ta beauté.

Les artistes sont hantés par toi, les philosophes s'imaginent qu'ils peuvent se passer de toi, mais les dieux sont tes époux. C'est seulement à eux que tu révèles toute ta beauté. Ô Sophia, ô lumineuse, ô Ariane ; seuls les aigles qui peuvent venir jusqu'à toi peuvent te voir, et toi, dans ta prison d'amour, tu transformes l'homme en aigle !

Tu accordes la liberté à tes élus, la liberté de te servir, et aux hommes toute la crédulité de se croire libres, et tu réussis bien dans ta ruse parce que tu es généreuse, et cela, toujours.

La première condition que tu imposes à tes amis, c'est LA VOLONTÉ DU SILENCE, la deuxième, c'est L'OBÉISSANCE.

« FIN »

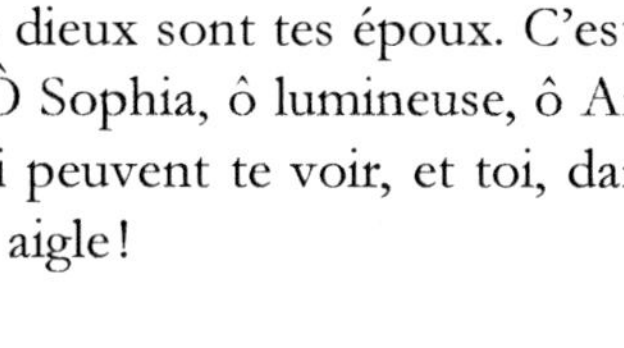

– Avertissement et Indications –

Suite à l'introduction qui m'avait été demandée par l'auteur pour ce livre, nous souhaitons apporter quelques indications supplémentaires, qui pourraient donner au lecteur l'envie d'une éventuelle relecture sous un angle qu'il pourrait ne pas avoir envisagé :

L'OMBRE – LE MIROIR – LE TÉMOIN

En matière d'art, peu importe comment on accède à la perception de l'œuvre. Toutefois certaines explications nous invitent parfois à réexaminer ce que nous y avons cru voir de prime abord...

Le texte que vous venez de lire appelle un prolongement. Chacun pourra tout d'abord en méditer le sens. Quelques-uns, bouleversés au point de vouloir davantage réfléchir à sa signification profonde mais non moins lumineuse, iront peut-être jusqu'à désirer le faire partager avec des amis spécialisés dans l'ésotérisme.

Avant de vous livrer UNE SUITE sous forme d'un dialogue que nous avons entretenu M.A.M. et moi-même depuis des années – et dont la date de publication sera d'autant plus avancée que L'ÉTENDARD aura déclenché des réactions espérées (lesquelles pourront aussi être intégrées dans ce dialogue) –, nous avons le plaisir de vous livrer quelques pistes de façon abrupte, pour avancer ensemble sur le chemin de la compréhension...

Voici notamment quelques citations de M.A.M. que j'ai collectées au fil de nos échanges épistolaires :

« Lorsque tu auras appris et compris que TU ES L'OMBRE, LE MIROIR ET LE TÉMOIN, ET LES TROIS À LA FOIS, et dans l'ordre et dans les deux sens, alors tu seras sur le point de traverser le pont qui te mène à l'autre rive, où tes semblables qui ont choisi le chemin du non-retour t'attendent ! »

L'OMBRE

« L'ombre, c'est *TON JARDIN SECRET* qui t'accompagne partout afin de te montrer d'autres paradis élyséens et terrestres, constitués par la conjonction des voies convergentes et divergentes menant à la voie uni-verse, et te guider sur le sentier lumineux qui aboutit au grand secret de l'Être ! »

LE MIROIR

« Le grand secret de l'univers, c'est toi-même. Lorsque tu auras appris à te regarder en face, tu verras que tu reflètes la création tout entière et tu comprendras le sens de la loi *LE TOUT EN TOUT !* »

LE TÉMOIN

« Doté de ce pénétrant et vaste coup d'œil[1] appelé *L'ŒIL DE L'AME*, tu verras enfin que l'image vient d'ailleurs – de l'autre rive ! – et que tu en es seulement le témoin. Or, ce témoignage vaut toute la connaissance du monde de par sa clarté et sa brillance : Tu te verras le dépositaire de ce trésor ! »

1 – *TALEMEUM VIDI QUALEM CAPERE POTUI*
(Je l'ai vu tel que j'ai pu. Maître ECKHART – qui fut le « mage » de son temps ; il a été réprouvé par le Pape)

Ces trois notions conjuguées, étroitement imbriquées dans le vécu conscient de l'être en éveil, évoquent implicitement les trois phases de la connaissance, de la démarche philosophique en général et « TOUT CE QUE L'HOMME DOIT INCARNER, LA TORCHE À LA MAIN ! »

Ces quelques lignes serviront donc de conclusion. Toutefois il ne s'agit pas de clore le sujet, bien au contraire !

L'ÉTENDARD de M.A.M. pourrait s'avérer dans l'avenir un texte de référence. Dans l'immédiat, pour celui qui le découvre, il constitue une base incontestable de réflexion et mieux encore de méditation totale, les yeux ouverts.

Dans l'espérance de retrouver la communauté spontanée qui produira l'écho attendu, nous souhaitons réunir autour de cette véritable révélation les êtres attentifs qui demain sauront se reconnaître à distance, seulement par l'entendement humain : « Les égarés qui se retrouvent », dit M.A.M.

Nous sommes bel et bien en situation de voir désormais l'Homme face à sa propre image.

Nos interlocuteurs sont déjà là : Les initiés ou « *PARVENUS accomplis et non accomplis* » – élus d'une ère nouvelle – ont déjà digéré le patrimoine culturel de l'humanité. Ils sont les héritiers vivants à l'esprit libre et visionnaire, dotés d'une conscience divine, laquelle conscience est devenue le pivot autour duquel ils ont accompli leur propre pèlerinage [autour d'eux-mêmes]. Ils y arrivent avec une lucidité retrouvée à toute épreuve !

Écoutez ceci :

« Si tu es un parvenu accompli et que tu es prêt à entrer dans la danse (cosmique), sache que je t'ai déjà tout dit ! Tout le reste ne pourrait en être que le bégaiement et le balbutiement... »

« Avance seulement, oublie tout et commence à rire sérieusement... Seule manière de retrouver ton innocence ! »

« Nous n'avons aucune volonté de nuire à la notion de croyance au sens religieux du terme. Cependant nous voudrions tellement que les dignes successeurs de tous les sages de l'Histoire se retrouvent enfin pour devenir un groupe influent par-delà les frontières, et capable – pourquoi pas – de reprendre en mains le destin de notre périlleuse humanité ! », dit M.A.M.

C'est avec un certain humour que M.A.M. a imaginé d'appeler « L.M.L. » ce groupement incarnant la conscience de notre humanité : Ligue Mondiale pour la Libération de l'homme. Il fallait bien lui donner un nom pour que L'ÉTENDARD prenne toute sa dimension. Associé à cet objectif, le texte devient *agissement* pour atteindre un « bonheur universel » qui jusqu'ici semblait inaccessible, utopique ou reporté sans fin à des temps ultérieurs.

À présent nous devons enclencher la vitesse supérieure pour que la race des hommes réussisse enfin dans sa globalité à comprendre que les rivalités doivent être dépassées, qu'elle puisse accéder enfin à l'apogée durable de siècles et de millénaires de Civilisation...

À Paris, printemps 2006
JCD.

Ce poème écrit en 1956-57 à Lausanne et à Madrid, imprimé une seule fois par un quotidien au cours de l'été 1958, vécu et médité en silence durant un demi siècle il réapparaît "en temps et lieu" sous sa forme présente, en attendant l'écho qu'il doit provoquer. Je fais donc offrande au lecteur de la quintessence de mes recueillements par la phrase qui suit :

« L'HOMME VIENT AU MONDE POUR
Y RESSUSCITER…
ET Y MOURIR ! »

M.A.M.
Nice, l'été
2006.

4 Tir 1337 (25 Juin 1958)

Hymne à la joie

ou

Le chant de Dyonisos

M. Mehdi dont nous avons le plaisir de présenter à nos lecteurs une série de poèmes mystiques s'est rendu à son adolescence en Europe, où il a poursuivi ses études en France et en Suisse.

Il a voyagé dans différents pays de l'Europe, notamment en Esdagne de laquelle il a gardé une impression inoubliable.

Pendant 11 ans de séjour en Europe, M. s'est intéressè à la pensée et à la philosophie occidentale et est féru de la culture et de la littérature françaises.

Les poèmes suivants d'un caractère fluide et intuitif sont le reflet des impressions inoubliables laissées dans son âme par l'oeuvre de Nietzshe, de Zoroastre et des auteurs mystiques de l'Orient et de l'Occident-

Nous sommes sûrs que ces poèmes oeuvre d'un jeune et enthousiaste lettré, de manqueront pas d'intéresser vivement nos lecteurs.

Eternel, Eternel, je te salue, je l'entrevois enfin;
tu fus ma patrie, lors que je cherchais des horizons sans fins,
dans des mensonges.

Eternel, Eternel; tu es ma patrie, ma bien aimée;
je fais ma demeure en toi, pour jouir de la délivrance,
qui s'annonce enfin.

Grandiose, chatoyant, pur et lumineux,
je me noie en toi,
pour faire ici bas,
le miracle de la résurrection enfin.
Tout prend fin, tout recommence,
tout s'empreigne de ta lumière; tout est ardent,
ma blessure est entière,
elle me rechauffe enfin

Viens, viens, unissonss nous,
pour nous predre,
dans un «oui» sans fin.

Périr en toi, c'est vivre,
vivre en toi, c'est la jeunesse,
c'est la joie sans fin.

Je respire, pour la première fois,
ce me semble;

Si seulement j'étais courbe et penchant, mais vert !

« Rumi »

Table

Imprimé en France
978-2-35216-375-6
Dépôt légal : 3e trimestre 2009